ヒマラヤ大聖者の「手放す」言葉

ヨグマタ 相川圭子

はじめに

生きることは成長のためにあり、素晴らしいことです。しかし今コロナ禍で、いろいろ不安が増大しているかに見えます。経済の問題、健康の問題、生きる上で次から次に問題が起きています。

人生苦しみばかり、というのは今も昔も変わりません。その昔仏陀は、人生には、生老病死の四苦があると説きました。生まれること、老いること、病気になること、死ぬことの四つの苦しみです。

生きる苦しみにもいろいろあります。愛の終わりや嫌いな人との出会い、何かが手に入らないこと、さらに心と体の感覚。生きる上で、これらの苦しみは常についてまわります。けれど、昔からいろいろな教えがあり、人はそれらに慰められ、何とか生き抜いてきました。

私はこうしたなかで、最強の教えと実践に出会いました。宇宙の源に存在する神秘の力に出会ったのです。ヒマラヤの秘教に出会い、ヒマラヤの奥地にて、深い瞑想から究極のサマディに没入して、神と一体になり究極の悟りを成就したのです。

私はその体験をもとに、みなさんが真の幸せになる生き方をガイドしています。

この本では、あなたを苦しめている心や感情の解放を説いています。

多くの人には自分の心が見えません。いろいろな苦しみは、周りの人や環境から来ると、人のせいにしがちです。

心の曇り、つまり今生と過去生からのカルマが、心の奥にある魂を覆っています。それで人の宿命と運命が決められています。

すべては学びです。なんの心配もありません。この本との出会いによって、自分の内側に気づき、深い愛にコンタクトして、変化し始めるのです。

一人一人がより良い方向に変わりはじめることで、世界が変わり動き出すのです。人生がより良い方向に進んでいくでしょう。

あなたの可能性は素晴らしいのです。未知の力があります。この時代に希望が持てることは奇跡の出会いなのです。

あなたの人生がさらに豊かになりますように。真の恵みに出会っていきますように。

5月31日　ヨグマタ　相川圭子

もくじ

「悲しみ」を手放す

内側の奥深くには、
悲しみを吹き飛ばす
喜びがあるのです。

大切な方を失ったり、自分を理解してもらえなかったりしたとき、
あなたは悲しみを感じることでしょう。
あなたが悲しみに沈むとき、無理に笑ってみましょう。
何も面白くなくても笑ってみましょう。
あなたの意識が変わります。
あなたの内側の奥深くには、
ほんとうは悲しみを吹き飛ばす喜びがあるのです。
私は、それを引き出す刺激になります。

内側から愛されていることを
自覚し、
それを愛することで
悲しみが消えます。

悲しみは、何か満たされないときに訪れます。
あなたはそれを受け入れます。
何かが不足してしまった。それは人ですか、ものですか。
形あるものは変化し、やがて消えていくのです。
それが自然の法則です。
そのことを理解します。
あなたは変化しない、離れないものにつながります。
そこには悲しみがない本来の姿があるのです。
そこからの愛を満たし、それをまわりに親切の形で出していきます。
あなたは常に深い内側から愛されていることを自覚し、
それを愛することで悲しみが消えていくことでしょう。

人はもともと愛の存在です。

関係がぎくしゃくして、会話のない親子がいます。
親は、この子を愛していけるのかと思い悩みます。
親も子も傷つき、悲しみに押しつぶされそうです。
そんな親子がいまの悲しみを感じます。
内側になにがあるのか、気づいてください。
思いを流します。
悲しみが薄らいでいくでしょう。
人はもともと愛の存在です。
あなたのなかの楽しい思い出、それを思い出し、
相手の良いところを見る練習から始めるのです。
ただ愛して今にいるのです。
やがて次元の違う純粋なエネルギーが、
否定的なエネルギーを軽いエネルギーにしていくでしょう。

あるがままの自分を許します。
相手も許します。

「子供の気持ちがわからない」と嘆く親がいます。
親であっても、おせっかいは相手が傷つくことを知ります。
相手の気持ちを理解しないとならないのです。
子供のためにと思ってしたのに、ずっと口をきいてくれない。
お互いに悲しくドン底の思いで生きてきたのです。
これを学びとして反省します。
心を超えた内側の深い愛の目覚めが必要です。
あるがままの自分を許します。
相手も許します。
自分の奥に宇宙的愛があり、それを引き出すのです。
それは信じることで引き出されます。
自分を信じ相手を信じます。
お互いがただやさしさで癒され、悲しみやこだわりが溶けるのです。

あなたが
大切に思っている人は、
もともとあなたのものでは
ないことを理解するのです。

かけがえのないものを失うと、深い悲しみがやってきます。
何もできない無力さとむなしさ、
否定的な思いと悲しみを抱えて生きつづけるのです。
宇宙の法則を知りましょう。
大自然の法則です。
あなたが大切に思っている、物、人。
いつかは寿命があり、変化してあなたと離れていなくなるのです。
それはもともとあなたのものでないことを理解するのです。
それとともにあって、あなたに豊かな時を
与えてくれたそれらに感謝するのです。

「驕《おご》り」を手放す

失敗は、驕りを手放すことに
気づく学びなのです。

多くの人は心を見ることができません。
あなたの心の隙に、自分がやった、俺は偉いと、
成功の成果を驕る心が顔をあらわします。
エゴで物事がうまく回らなくなり、
大事なところで失敗することもあるでしょう。
驕りを手放すことに気づく学びなのです。
驕りを手放し、自分を生かしめている神秘の力が
あなたを守っていることを信じるのです。
心のからくりが理解でき、気づき手放すことで
幸運を呼ぶことができるのです。

あなたの能力は、
あなたに属していません。

人は何かができて、みんなに誉《ほ》められるとうれしく元気になります。
でも人から注意されることは、うれしくないのです。
人におだてられ、うらやましがられると、
あなたはますます驕りを作ります。
人から何か指摘されることは嫌なのです。
あなたが「できる」ということは、何の力が働くのでしょうか。
あなたの能力やその成果は、あなたのものですか。
それはあなたに属していません。
驕りは自己防衛、それを超えたところがあなたの力の元なのです。
人は自分でこの体も心も作れません。
人の中に深くあるあなたを生かしめている存在を実際に悟ることで、
楽になっていくのです。

驕りから謙虚さへ、
さらに成長します。

あなたは、いろいろなことを、自らの努力で成功させてきました。
皆から称賛をいただきます。それはとてもうれしいことです。
しかし、あなたはそれで満足しないでください。
さらに成長します。
驕りから謙虚さへ。
そして、成功していきます。
体と心という存在は、見えない力に支えられて生かされています。
見えない諸々の力に感謝します。
物事が成し遂げられるプロセスを知ります。
謙虚な心が大切です。

謙虚になり、
頭を垂れることが
品格を得ることなのです。

人は常に大いなる存在によって、守られて生きているのです。
空気もあり、水もあり食べ物もあるのです。
さらにもっともっと、いろいろ創り出し豊かにしてきました。
そして便利になり、いつでもほしいものが手に入るようになりました。
しかし見えないところからは、
常に愛と智と生命力が働き生かしてくださっているのです。
その壮大なからくりは見えないものなので、
自分の体験の範囲でしか理解できないのです。
その知恵について、学び信頼し信じるのです。
謙虚になって、頭《こうべ》を垂れることを忘れてはならないのです。
それが人間の品格を得ることなのです。
さらには気づきを増して、本当に深い理解をすることが、真の成長なのです。

「競争心」を手放す

戦いが止んだとき、
安らぎを得るのです。

あなたは、趣味や仕事、スポーツや芸術が上達したいと思うことでしょう。
そこに競争心があります。
人に勝つと一瞬元気が出ます。
負けると立ち直れない人も出てきます。
あなたはあるがままを受け入れ、あなた自身を愛します。
あなたを大いなる存在が見守っています。
自身の中の見えない力に、感謝します。
そして一緒に歩んでくれる仲間に、感謝します。
ベストを尽くした戦いが止んだとき、
あなたの深いところからの愛が現れ、安らぎを得るのです。

あるがままの
自分を受け入れると、
追い詰められていた心が
消えています。

仕事で、他人との間に競争心が燃えていく。
それをバネに仕事に熱中している人がいます。
自分を信じ、あるがままの自分を受け入れていきます。
気がつくと、勝たなければならない、
優秀でなければ認められないと、
追い詰められていた心が消えていきます。
力を抜いて、まわりが気にならない本来の自分を取り戻し、
自然体で仕事をしていることでしょう。

醜い競争心は、
エゴが悔しがっているのです。

仕事で担当していた案件が、同僚から自分が成果をあげたかのように
発表されたとき、人の醜い競争心が見えたとき、
あなたの心は怒り狂うでしょう。
それはエゴが悔しがっているのです。
相手の不誠実は相手の問題です。
あなたはエゴに翻弄《ほんろう》されないで気づいています。
魂は、どうぞ頑張ってください！　とただ見ているだけ。
エゴにつながらないで楽に生きていけることが、
こんなにも平和で楽なのか。
心に感謝してエゴを超えていくのです。

「コンプレックス」を手放す

深いところの輝く力が
現れるのは、
自分を愛しているときです。

何かに失敗した人、自分の容姿が嫌いな人。
それらを気にして、コンプレックスを感じている人がいます。
あなたには、深いところに輝く力があります。
それが現れるのは、素直に自分を愛しているときです。
信じることで、深いところから愛が湧いてきます。
表面の自分を責めて、いじめることをやめましょう。
本当のあなたに出会うのです。
超然としたあなたの中の存在が、あなたを愛しているのです。
あなたのコンプレックスが溶かされるのです。

真理に出会えば、
不動の人になれるのです。

あなたは自分が正しいのか、確かなのかわからず、気にしています。
人に聞きたがります。
自分の言葉に自信がありません。
それがコンプレックスです。
あなたは、人からどう見えるのでしょうか。
人は気まぐれ、いろいろな価値判断を持って、その時に感じたことを言います。
その時の変化の印象です。
絶対の真理ではないのです。
真理に出会っていきましょう。
あなたは気をもまない人、不動の人になれるのです。
その道がヒマラヤの恩恵です。
源につながった揺れない自分、不動のあなたに出会うのです。

心に振り回されずに、
今にいて楽しく生きるのです。

これまで、あなたは何をやっても、これでよいのか？　間違っていないか？
など、自分の選択が信じられず、
他人と比べてはコンプレックスを感じていました。
心のからくりに気づき、自分を信じることの大切さに気づきます。
自分の心に振り回されずに、ネガティブなことを考えずに、
他人と比べずに、今にいて楽しく生きるのです。

すべてが自分のせいという
心の癖を手放すのです。

女性には、容姿へのコンプレックスがあるかもしれません。
マスコミが美しさを定義すると、
それが満たされていないと、幸せでなくなります。
常に何か自信がなく、表現できないのです。
すべての思いを超えて、あるがままの自分を愛しましょう。
あなたの純粋なよい行いが、心の癖とあなたの思いを溶かし超えさせます。
すべてが自分のせいという、心の癖を手放すのです。

人がよくなるための行為は、
無限の愛につながる行為です。

心は絶えず比較をして、何をしても満足しません。
思いを断ち切るのです。
自分からよいエネルギーを出します。
人を助けます。
何よりも相手のエゴではなく命が喜ぶことをします。
自分がよくなりたいと思う行為は、魂の願いです。
人がよくなるための行為をしていきましょう。
それは、あなたの深いところにある無限の愛につながる行為です。
あなたの愛が人を助け、人を幸せにするのです。
愛は心を超えたところにあるのです。

本質を信じると
コンプレックスから解放され、
大きな仕事を
成し遂げるのです。

今まであなたは、あれができない、これが恥ずかしいと、
コンプレックスに振り回されてきました。
でも、本質を信じるとコンプレックスから解放されるのです。
まるで別人のように、できる人に変身するのです。
人前で話すことがすごく苦手だったあなたが、
人の役に立ちたい、みんなのためになりたいと思うようになります。
コンプレックスが外れたのです。
心の思いが外れたのです。
そのとき、あなたは大きな仕事を成し遂げることでしょう。

「執着」を手放す

こだわりは依存です。
依存で自分を守り、
安心しているのです。

何かへのこだわりは、それに執着しているのです。
例えばタバコを吸うことに執着していると、吸わないとイライラします。
タバコを吸うとイライラが治まります。
それを依存といいます。
そのことでバランスをとり、自分を守り、安心をしているのです。
タバコにあなたを守るパワーがあるわけではありません。
一つの癖になっています。
それは本質のバランスではなく、心のバランスにすぎません。
本質のバランスをとることが、あなたに本当の安らぎをもたらすのです。

あなたを信じることで、
執着はいらなくなるのです。

あなたは、あなたが執着するものに、エネルギーを与えています。
それを輝くものだと錯覚しています。
執拗に求め続けます。
もうそれが必要なくなっているのに、
それによって生かされていると思っているのです。
手放しなさい。
あなたは目覚め、自由を得るのです。
それが、あなたの本来の姿なのです。楽なのです。
あなたの執着を、ひとつひとつ取り除きます。
あなたを信じることから、執着が変わり始めます。
あなたの自己を信じることで、あなたの執着はいらなくなるのです。

執着は錯覚です。
気づかないうちに、
命を消耗させます。

執着は恐れ、怒りや不安、寂しさを消すために、楽になるために、
そこにこだわるのです。
あなたは、単に快楽を得るためのおもちゃに出会ったのに、
命を元気にしてくれる豊かさであると錯覚しています。
それは、気づかないうちに、じわじわと命を消耗させていきます。
物への執着、人への執着、状況への執着。
それがあなたを完成させていくと錯覚しているのです。
あなたは愛されています。
愛を目覚めさせます。
あなたは神から愛されていることに気づくのです。
執着があなたを癒すのではなく、
神の愛があなたを癒すのです。

あなたは、もともと
素晴らしい人間なのです。
執着を必要としない
人間なのです。

執着を手放しましょう。
執着は、何かを失うことです。
執着は、心の刺激を得ることです。
人から誉められること、物による安心をいただくこと、
物で悲しみを消すこと、いろいろです。
それを自己防衛というのです。
あなたは、もともと素晴らしい人間なのです。
執着を必要としない人間なのです。
手放しましょう。
あなたの深い愛が、あなたに染みわたるでしょう。
新しい旅立ちです。

物への依存をやめ、
いらなくなったものを
捨ててみましょう。

人はリラックスのため、安心のために、
多くのことや物に依存してきました。
CD、DVD、ビデオ、書籍など、
いろいろに備えて使っています。
しまってあるものもたくさんあります。
いらなくなったものを捨ててみましょう。
シンプルでラクになります。

捧げる生き方に変われば、
すべての執着が
外れていきます。

あなたはこれまで、新しいものが好きでした。
化粧品、流行の洋服、手に入れたその時はうれしいのですが、
内なる心は満たされません。
取り込む生き方から、捧げる生き方に変わりましょう。
太陽のように輝く人に。
心の執着が溶けて、すべての執着が外れていきます。
欲しい欲しいの心から、今にいて、
本当に必要かどうかを見極めるようになります。
自分の源からの愛で癒され、何ら依存するものがいらなくなります。
うれしい限りです。

「怒り」を手放す

人の心は変えられないのです。
相手の幸せを祈ります。

あなたの意見が通らないとき、エネルギーがブロックされ、
エネルギーの爆発が起きます。
それが怒りです。
相手は自分の考えに執着しています。
あなたが信じた考えが命令的であると、相手のエゴが反発します。
愛をもって、その人のためであることを伝えます。
人の心は変えられないのです。
小さなことは放っておきましょう。
そして、相手の幸せを祈ります。
無償の愛の行為です。

あなたを生かしている
存在につながり、
愛を出す人に変容します。

世界中の人が怒っています。
みんな自分勝手なことばかりするからです。
自分の得のことしかしないからです。
みんな損得のみで動いているからです。
怒りが怒りを呼ぶのです。
何かがない、それは愛がないのです。
棘《とげ》ばかりの社会です。
目先の損得しか考えないのです。
人は生かされているのです。
あなたの中に、あなたを生かしている存在があります。
それにつながり、そこに絆を作るのです。
その力で、あなたはまわりに愛を出す人に変容します。
怒りが静まり平和が現れるでしょう。
それは真の生き方です。

目を閉じて意識を
自分の内側に向けるのです。
怒りが止んで、
自然に解決を見ます。

人に怒ります。
やり方が違うと、イライラします。
のろいとか雑だとか、やってくれない、誠実ではない、
嘘をつく、と怒ります。
誰もが自分のやり方を通そうとします。
あなたのイメージとは違うのです。
持って生まれた性質、カルマからの行為です。
目を閉じて意識を自分の内側に向けるのです。
その内側にあるものは、完全ですか。
あなたを完全にしていきます。
そこへの道を歩みましょう。
怒りが止んで、外のことは自然に解決を見ます。

力で勝つのではなく、
愛で許すやり方を学ぶのです。

いろいろな怒りがあります。
会社への怒り、家族への怒り、自分への怒り、社会への怒り。
あまりにも多く解決できません。
法律があるのは、それぞれの利益を守るためです。
力で勝つのではなく、愛で許すやり方を学ぶのです。
通じない相手に怒っていると、
怒っている自分がその毒で具合が悪くなります。
それでは、相手は正されません。
相手へのジャッジではなく、慈しみの愛で、自分も意識が進化し、
相手も心が浄まり、よりよい現象が起きるのです。

永遠の命への入り口、
今にとどまると、
イライラや不満が
少なくなります。

あなたのイライラは、周りの人へのいら立ち、
社会や会社へのいら立ち、家族への不満やいら立ち。
イライラすることは解決ではなく苦しめること。
今にいます。
今は永遠の命への入り口。
そこにとどまると、イライラや不満が自然と少なくなります。
今とは心がないところ。
宇宙の創造の源への入り口に立ったのです。
心の中の怒りの種が、自然と溶けてなくなっているのです。

深い自分の本質を信じれば、
平和に生きるきざしが
見えてきます。

怒りが湧くと、自分の中に毒が発生するのがありありと見えます。
怒りは人を傷つけ、自分もとても傷つくのだとわかります。
子供の時から、怒りと共に過ごしてきたあなた。
あなたの中の怒りを許しに変え、愛でいっぱいにします。
理解で怒りを外すのです。
今までのやり方でなく、本質の在り方から学ぶのです。
深い自分の本質を信じます。
その力で解放が始まり、平和で楽に生きるきざしが見えてくるのです。
今の自分を許し、日々「大丈夫」と安心している自分に気づきます。

心を整理して
本当の自分に戻ると、
心の傷を修復していけます。

エゴは相手を悪く思うのです。
人は自分のことが見えません。
相手が悪いと思うのです。
相手があなたを心配して注意をすると、腹が立つのです。
あの人が、私の怒りのスイッチを押したのだからと。
たとえば、幼い頃から苦しみ続け、何をしても消えなかった親への怒り。
本来、一度できた回路、心の傷は取れないのです。
心を整理して本当の自分に戻っていくと、心の傷を修復していけます。
本当の自分を愛し、周りに愛を広げて解放されていくのです。

自分の性格を認め、
ありのままを受け入れます。
やがて怒りが
出てこなくなります。

あなたは短気で我《が》が強く、自分の思い通りにならないと、
何かにつけ、イライラしていなかったでしょうか？
怒りっぽい性格。
自分を変えたい。
そんなふうに思ったことはありませんか？
自分の性格を認め、ありのままを受け入れます。
純粋な心から見ます。
怒りから離れて見ているのです。
それが現れ消えていくプロセスがわかります。
やがて怒りが出てこなくなります。
たとえイライラしても、すぐに原因に気づき、
さっと手放せるようになるのです。

悟りのエネルギーが
あなたに入ったとき、
生まれ変わることが
できるのです。

深くに強く大きな怒りを抱えていると、苦しく、つらいでしょう。
悟りのエネルギーがあなたに入ったとき、
内側深くでグラグラと煮えたぎるような、
マグマのような怒りが一瞬で静まりかえりました。
深海のような何もない静けさが訪れ、ただいる。
空っぽで、何にもないのに、
満たされている不思議な感覚を体験したのです。
これは、すばらしいエネルギーが流れ浄化が起きたのです。
人は変化し、未知の力に遭遇し、生まれ変わることができるのです。

心につながらないで
安らぎにつながることが
大切です。

些細なことにも、怒りやすかったあなた。
今できることはあなたが寛大になるということ。
みんなやり方、価値観が違います。
相手を理解して許します。
自分を反省します。
少し怒りが静まっていくでしょう。
こだわりが消えて、相手のいいところが見え、
また自分自身でいることができるようになっていきます。
自分のよいところと、ともにいることができるのです。
怒りを超えて相手を理解する愛につながったのです。
あなたのなかの静けさに、近づいたのです。
心につながらないで安らぎにつながることが大切です。
深呼吸をしてみましょう。

相手を変えるには
慈愛を強めていくのです。
注意より愛を与えるのです。

やりたい放題に見える部下に怒りを覚えるとき、
自分に学びを与えてくれる縁の深い人なのだと思いましょう。
まず相手の幸せを祈ることで、
自分の中によいエネルギーが巡り出すのを感じ、幸せになっていきます。
人は自分の価値観で相手を理解しようとします。
相手は、あなたのために生きているのではありません。
その人も、自分を守るために一生懸命生きているのです。
相手を変えるには慈愛を強めていくのです。
それによっていろいろな見え方、理解の仕方ができ、
受け入れられるようになります。
注意より愛を与えるのです。

まず自分の怒りを反省します。
自分が変わることで、
周りも変わっていくのです。

根深い怒りが出てきても、変わっていくことを選びます。
今までは対抗的で決裂的だったものから、
相手があなたの言ったことを受け入れるのです。
自分が反省をして、怒りの溶けるプロセスが変わっていくのです。
意識を進化させて周りを許し、平和を選択します。
まず自分の怒りを反省します。
自分が変わることで、周りも変わっていくのです。
あなたも、周りもラクになってくるのです。
相手がいることで進化を学ぶことができます。
すべてに感謝です。

穏やかに日々に感謝、
みんなの幸せを祈るのです。

この世の中は、それぞれの損得の価値観で情報を流しています。
それに対して怒りが湧き上がる人もいるでしょう。
すべての魂の本来の幸せと、世界平和を祈ることは、
どんなにありがたいことでしょう。
世の中にもカルマがあって、必要なことが起き、
それにのっとった結果が起きてきます。
怒りもそこかしこにあります。
穏やかに日々に感謝、みんなの幸せを祈るのです。
怒りから平和になっていきます。
自分の内側からです。

世界の平和を祈りなさい。
平和の祈りは
自分も救うのです。

コロナ禍で恐怖を煽《あお》るメディアに怒りを向けるより、平和を祈りなさい。
「祈りなんて馬鹿げたことを」と思わずに、素直に従い、
世界の平和を祈りなさい。
他の幸せを祈ることで怒りが消え、救われるのです。
平和の祈りは自分も救うのです。
エゴの心での祈りでなく、純粋な心からの祈りが大切です。
世界に愛を送り、平和を祈り、怒りから解放されていくのです。

「孤独」を手放す

厳しい愛は
自分のためなのです。

あなたが孤独を感じるのは、どんなときなのでしょうか。
何か突き放されたように感じるときでしょうか。
人は愛によって生まれ、愛されて育っていきます。
親から愛され、愛をいただきます。
愛をずっといただくばかりだと、途中から苦しくなるのです。
厳しい愛は自分のためなのです。
かわいい子には旅をさせろと、その愛はありがたい愛なのです。
人生の中で自分を愛する、人を愛することを学びます。
そして、感謝することを学ぶのです。
そこには孤独がないのです。

自ら愛を与えるのです。
無償の愛、
見返りのない愛です。

あなたは、両親からいただいた愛がずっと続くと思っています。
親は何でもしてくれる、ただ愛されたいという思いです。
親はどんな自分も受け入れてくれると思い、
それが得られないと孤独を感じます。
あなたは早くから生き方を変えます。
依存の愛ではなく自ら愛を与えるのです。
それも無償の愛、見返りのない愛です。
他を喜ばせるために自分を捧げます。
あなたのエゴが落ちて、命の輝きが起きるのです。
あなたの中に愛が満ちて、平和になるのです。

孤独はあなたの中に
ないのです。

孤独は、人と上手にかかわれないときに感じるのかもしれません。
また周りの人が、結婚、仕事と旅立っていき、
賑やかさから寂しさを感じる孤独、そこでの試練もあります。
新しい世界とのつながり、エゴの饗宴《きょうえん》に疲れを感じることもあるでしょう。
心が喜び、やがて疲れて、心が苦しい時があります。
あなたは、永遠の、変化しないつながりを得る。
それを求めるために生まれてきたのです。
あなたを安らがせ愛してくれるつながりです。
そこにつながり、愛を出し、みんなを助けましょう。
孤独はあなたの中にないのです。

未知の力に感謝し慕うとき、
孤独の心を超えているのです。

あなたは孤独の悲しみと、怒りの心を隠して、
人の何十倍も働いてきました。
情報をいくら探しても、どれだけ動いても、満たされず、自分が嫌いでした。
親はきびしく、大人になっても、結婚しても分かり合えませんでした。
いったい自分はどこから生まれ、何のために生まれ、どこに行くのか。
宇宙の法則があります。
すべての動植物の中に働く力強い未知の力、不滅の力があります。
そこに感謝しそれを慕うとき、孤独の苦しみの心を超えているのです。

「恥」を手放す

恥じらいの心が
気づきと結びつくと
いいのです。

やたらに恥ずかしがって、人前で話すのが苦手であるとか、
大勢の前で話せないとなると苦しいのかもしれません。
いつの時点でか、恥ずかしいという気持ちに
スイッチが入ってしまったのかもしれません。
知識の頭を持っても消えません。
恥ずかしい心は、控えめで謙虚なのかもしれません。
その恥じらいの心が気づきと結びつくといいのです。
本当の自分、源とつながることで、
人前で話せなかったのに自然に話せる奇跡も起きるのです。

自分が劣っていると思うのは
思い込みです。
その思いに翻弄されない人に
なるのです。

自分は醜いからとか、自分は恥ずかしい存在であるとか、
自分を責めすぎる人がいます。
人と比較して、自分は何かが劣っていると思うのかもしれません。
何かが不足している、弁当のおかずがいつも同じであったり、
人からの心ない言葉で傷ついて、それによって自分はみっともないとか、
心がそう思い込んでしまいます。
あなたは、その心の思い込みの通りの人になるのです。
その思いを外すのが瞑想です。
あなたの価値観が外れてニュートラルになるのです。
その思いに翻弄されない人になるのです。

愛で恥の文化を
中和する必要があるのです。

恥を知るということも大切です。
日本は恥の文化といわれます。
常識があり、みんなの常識で社会が動き、そこから逸脱すると
本人が恥ずかしいと思う時もありますし、
周りが、恥ずかしい存在だと思って蓋《ふた》をすることもあるでしょう。
それが反省の材料となって、さらに進化するのであれば問題ないのですが、
人を責めたり、自分を責める価値観になると問題です。
みんなの愛で、恥の文化を中和する必要があるのです。

「不安」を
手放す

人のために
よいことをするのです。
そうすれば
不安が消えていくのです。

生きることは不安です。
未来に何が起きるかわかりません。
老後のこと、家族のこと、景気のこと。
このコロナ禍で、みんな、ひどく不安を抱えています。
よいことをするのです。
するとよい結果が生まれるのです。
それはあなたのことではなく、人のためによいことをするのです。
相手の命が輝くよいことをするのです。
神聖な心で相手の幸せを祈ります。
みんなが幸せになりますように。
あなたはその功徳《くどく》で幸せになり、不安が消えていくのです。

あなたの心を
変えるしかないのです。
心の浄化で不安が消えます。

不安が人の心の奥にあります。
お金をたくさん持っていても、なくなるのではないかと不安になります。
幸せな家族であっても、誰かが病気になるのではないかと不安になります。
幸せな結婚をしていても、
浮気をされるのではないかと不安になり、きりがないのです。
あなたの心を変えるしかないのです。
心の浄化で不安が消えます。
さらにあなたの中に不動の存在、永遠の存在を見つけなさい。
そこにつながることで、喜びが湧いてくるのです。

未知の力を信じることで、
不安を超えて
平和になるのです。

子供の時に、何か大きな不安を感じたことがあるかもしれません。
大きな雷の音、迷子になったり、
ひとりで親の帰りを待っていた時の体験です。
心は変化します。
心に体験の記憶があります。
人は心につながり、常に不安になるのです。
今こそ、あなたが幸せになるために、
未知の力や命を与える存在を信じましょう。
信じることで未知の力を引き出し、
子供の時の思いや不安や心配の心の癖がすべて癒され、
不安を超えて平和になるのです。

意識を自分のことではなく、
人の成長に向けるのです。

あなたはいかに生きたらいいのでしょうか。
私はあなたに人生の最終目的を示します。
自分のためにあくなき欲望を満足させても、
あなたにはまだ不安があるのです。
あなたの意識を自分のことではなく、人の成長に向けるのです。
人が神と出会い真理に出会っていくように、
変化の中で右往左往して苦しみもだえるのではなく、
真理を伝えるのです。

あなたを強くするのです。
あなたはウイルスに
侵されることのない存在です。

コロナという新種のウイルスは、
人に宿って呼吸器に入り、命を奪うのです。
この敵にどう対処したらいいのでしょうか。
ワクチンが開発され、それを打つことになってきました。
でも、その猛威は相変わらずであり、人々は見えない敵に不安を覚えます。
あなたを強くするのです。
あなたはそれに侵されることのない存在です。
あなたが無心になり、中心の力を養う時、無限のパワーが湧いてきます。
それを助けるのが、中心の力から知恵と愛とパワーを引き出した
古来の賢者の教えです。

深いところにある
動かない静けさに、
杭を打ち信頼します。

コロナ禍でいろいろなニュースが飛び込んできます。
それを聞いてさまざまな不安が湧き上がります。
聞いただけでは解決はしません。
手を洗ったりマスクをしたり、人と距離を保ちます。
でも根本的な解決ではありません。
次第にお金や、病気や、仕事に対する不安が広がります。
深いところに動かない静けさがあります。
そこに杭《くい》を打ち信頼します。
調和と静けさの深い中心からやってくるのです。
やがて真の解決策も閃《ひらめ》いてくるでしょう。
心が安心していくのです。

あなたが守られるためには、
自分を信じることです。

心は何かを思って不安になります。
自分の命が狙われるのではないか、恐れが湧きます。
これから困ることが起きるのではないかと不安になります。
未来に対して安全を対処することは大切です。
経済に対する安全、人に対する安全、何がどうなるのかがわかりません。
あなたが守られるためには、自分を信じることです。
その奥に働く永遠の命を信じます。
あなたを常に守り、生かそうとする存在です。
それは常にあなたを愛し、パワーを送っているのです。

人に依存しないことが
必要です。
自分の力を信じます。

あなたには、信頼できる人がいます。
その人は、どんなときにもあなたの味方です。
でもいざというとき、その人がいないとき、あなたは不安になります。
お互いに助け合うことが大切です。
人と人は助け合うのです。
そうしたうえで、なおあなたは、しっかり自分を見失わないことです。
人に依存しないことが必要です。
真の自分の力を信じます。
あなたは何でもできるのです。

あなたが内側から
満ちなければ、
大勢といても不安なのです。

大勢といても不安です。
一人はもちろん不安です。
あなたは深いところで皆とつながっていて、一人ではありません。
そう知っていくとどうですか。
あなたが内側から満ちなければ、大勢といても不安なのです。
いつかは皆、別れなければならない存在です。
一人去り、二人去り、あなたの周りから人が去っていきます。
本当に一人残されます。
見返りがなくても皆に親切にします。
あなたはスキルをアップします。
皆に必要とされる人になっていくでしょう。

「嫉妬」を
手放す

あるがままを受け入れ、
自信を持つことが大切です。

何かを自分より多く持ち、何かが優れ評価されている人がいると、うらやましい気持ち、嫉妬心が湧き上がる人もいるでしょう。その思いをばねにして、自分もそうなろうという動機になればいいのです。卑屈になると苦しくなります。

親は欲望が大きすぎて、子供に対して自分の望みに達しないと、ダメだ、ダメだと言いがちです。

その体験から、やがて子供は嫉妬深くなるのです。

ある人が子供の表面のきれいさではなく、内面のいいところをきれいと誉めて育て、とてもいい子になりました。

あるがままを受け入れ、自信を持つことが大切です。

何か夢中になれるものに、
心を向かわせると
いいでしょう。

子供は、きょうだいの間で親の愛を取り合います。
母親は子供たちを安全に育てるために、小さい子に注意が向きます。
上の子はそれが寂しさやうらやましさの気持ちになり、
嫉妬が生まれるでしょう。
子供が何か夢中になれるものに、心を向かわせるといいでしょう。
何かのお稽古だったり、物作りであったりするといいでしょう。
自分で何かを創り出すほうに向かうのが、
人間的成長になっていくのです。

人を助ける、
生かすことを学ぶのです。

嫉妬の芽生えを取り除くために、
人の気持ちを気にするより自分でよい行為を起こすのです。
人を助ける、生かすことを学ぶのです。
そのことで喜びが増えることを学ぶのです。
人は常に、満たされていないと感じ、
ため込むことを教えられるのですが、人に捧げていくのです。
それを小さい時から行えたら、
どんなにか素晴らしい人間になることでしょう。
またそれは無償の愛からであり、
エゴからではなく自分を超えた力からなされるのです。

「見栄」を手放す

あるがままで努力することで、
評価されていくのです。

「見栄」を手放す 01

だれにも見栄があります。人によく思われたい気持ちがあります。
引け目を感じないように、利口に思われるように、立派に思われるように、
実際よりよく思われたいのです。
評価されたいのです。
しかし、偽りの自分にしてまで自分をよく見せることは、嘘の始まりです。
その度が過ぎていくと大変なことになります。
あるがままがいいのです。
無理をすることで自分も疲れるし、経済的にも破綻するのです。
あなたがあるがままで努力することで、
内側のよいものが現れ、評価されていくのです。

本当の評価は、
その人がいることで、
安心感が与えられることです。

自分が、いろいろ状況が変わったのに、無理をして人によくしようと、お金を借りてまで奢《おご》る人がいるそうです。

人を楽しませることもいいのですが、それはただ心の楽しみです。

皆に評価されたいということです。

皆それを喜ぶでしょう。

本当の評価は、その人がいることで、精神的な何かが与えられることです。

安心感です。

内側から満ちることで、そうした力が得られるのです。

評価されたい気持ち、その欲を超えて、ただあるがままになっていくのです。

反応が悪くても、
見栄より深いところからの
輝きを。

ものごとを大きく語ったり、着飾ったり、おしゃれをするのは、
自分をよく見せようとする見栄とつながっています。
まわりの人は表面だけ見てあなたを評価するでしょう。
過度で無駄な演出は、疲れてしまいます。
人にどう思われるかを気にしすぎません。
まわりの無責任な評価に乗らないのです。
たとえ反応が悪くても、見栄より、深いところからの輝きを。

見栄より、内側からの
無償の愛を発生させるのです。

見栄は、あなたが頑張らなければと思って、背伸びをしているのです。
自分は頑張っているのでわからないのですが、やがて疲れてしまいます。
人とはどんなつながりがよいのか、外側からの評価でなく、
内側からの評価になるのです。
それは人生の終わりに気づきます。
今から気づいて、あなたの内側からにじみ出るものを発生させていきます。
それは無償の愛です。
そのことであなたは輝いていくのです。

表面だけ飾ると、
エネルギーが尽きて
干からびてしまうのです。

見栄っ張りはあなたが寂しいからすることです。
人に認めてもらえなくとも、小さな花を咲かせます。
それぞれが精神を統一して、人が喜ぶことを行うと、
あなたのエネルギーは正しく使われます。
正しい生き方をすると、エネルギーがまっすぐに流れ、
昇華され、美しい結果を見るのです。
何もないのに、表面だけ飾ると、やがてそのことでエネルギーが尽きて、
干からびてしまうのです。
あるいはそのことで称賛を得ても、いつか崩れていくのです。

「エゴ」を手放す

あなたの中のエゴは、
必要ですか？
このことから
気づいていきましょう。

エゴが何なのかに気づくのは高級なことです。
誰の中にも心の働きがあります。
自分を大きく見せようとする見栄はエゴです。
あなたが「自分は」と主張するものです。
あなたを攻撃するように感じるものにはエゴが反応します。
気分がよくありません。
嫌な感覚があります。
自分が信じていることを受け入れてもらえないと、不愉快になります。
エゴイストという言葉を聞きます。
あなたの中のエゴを感じるのはどんな時なのでしょうか。
それはあなたにとって必要ですか。
このことから気づいていきましょう。

エゴは自我です。
真の幸福は自我からの
解放です。

エゴは「私」という思いです。
それは自我といいます。
自分という存在が大切になります。
そのこだわりです。
それが次第に大きくなると、自分が一番大切になります。
そして何事にも苦しい判断になるのです。
エゴが傷つくのです。
真の幸福は、本能と自我からの解放です。
本来のあなたは、何も傷つかないのです。
あなたの心の価値観が傷ついて、何か違うとリアクションするのです。
あなたそのものは誰からも侵されない存在です。
そこにつながることで、あなたは常に平和な心でいられるのです。
心を無にするのです。

あなたを生かしてくれている
存在が、
あなたに手を
差し伸べています。

エゴはあなたを守ろうとします。
一人取り残され、誰もあなたの味方がいないとき。
自分がここにいる、私はこれができる、誰にも頼らなくても！
それは、あなたの肉体と心を守る、エゴの叫びです。
それはあなたが自分を守るための力です。
誰も守ってくれないと思い込んでいます。
あなたは強く生きてきました。
でも、あなたは自分の力で生まれてきたわけではないのです。
あなたを生かしてくれている存在が、
ひそかにあなたに手を差し伸べています。
それを信じていきましょう。

あなたの中に、
無限の力があるのです。
あなたを守り、
成果を上げてくれるのです。

エゴは自分を守る力です。
今までの生き方です。
あなたは人を信じないで、裏切られたのかもしれません。
だから自分のことは自分で行うと、自分を強めてきました。
頑固になったのです。
でも、もうそろそろエゴを手放し、
もっと素晴らしい生き方があることを知ってください。
あなたの中に、無限の力があるのです。
神の力があります。
そこにつながります。
エゴを使わなくても、あなたを守り、あなたの成果を上げてくれるのです。
それは差別のない力なのです。

エゴではなく、
あなたは愛から
頑張れることを伝えます。

エゴとは何なのか、こだわりです。
エゴを手放したら、弱くなると思っています。
エゴは自分である証《あかし》と思っています。
エゴが生きる力と思っています。
確かにそういう部分もあります。
エゴがあるから、しっかりすると。
恥ずかしくないように正しく生きると。
どんなに困っていても音《ね》を上げないで頑張るのだと。
エゴではなく、あなたは愛から頑張れることを伝えます。
自分を愛して他を愛するのです。
そのことでパワーが出るのです。

祈るのです、瞑想するのです。
エゴで守っていた以上の
力が出ます。

エゴがあると、いい仕事ができます。こだわっているからです。
でも、そればかりだとあなたは疲れるのです。
エゴを手放す生き方があります。
祈るのです。
瞑想をするのです。
すると深いところからのパワーがあなたを守ってくれます。
そして、力が出るのです。
エゴで守っていた以上の力が出て、それ以上の才能を発揮できるのです。
あなたの源からの力は、神の力です。
なんでも見通すクリエイティブな力です。

「好き」を手放す

執着での好きを、
宇宙的な愛からの好きに
進化させましょう。

誰かを好きになりすぎて苦しむ人がいます。
そして、もう人を愛さないといいます。
愛した対象が心配で寝ても覚めてもいられない、
その人が誰かのところに行ってしまうのか、
そして裏切られるのか、ともかく苦しいのだそうです。
好きという感情が異常に発達して嬉しいのならいいのですが、
その人を独占したいということになったら苦しくなるのです。
誰かとその人が話をしているだけで苦しくなるのです。
それは執着の愛なのです。
執着での好きという感覚です。
宇宙的な愛からの好きに進化させましょう。

あなたの好きを
見つめましょう。

あなたには、好きな人がいますか?
それは相手の体が好きなのでしょうか?
性格が好きなのでしょうか?
それとも、存在そのものが好きなのでしょうか?
あなたの「好き」は、セルフィッシュな「好き」でしょうか?
好きであれば、なんでもいいということではないのです。
それを通して自分の心の傾向を知っていきます。
あなたの好きを見つめましょう。
それは人なのでしょうか?
相手が、あなたのその気持ちを喜ぶのであれば問題ありません。
人の幸せを祈りましょう。
あなたは、それぞれの人が一生懸命、生きている姿が好きなのです。

「嫌い」を手放す

あなたの中に
あなたを生かしめて、
愛してくれる存在があります。

自分を嫌い、自分を受け入れられず、親を恨み、
自分を好きになれない人がいます。
失敗してしまった、うまくできない、容姿に自信がない。
あなたは望みが高く、何かにつけて不満を持ち、自分を嫌います。
何があなたの理想なのでしょうか。
あなたは、自分がどうして生まれてきたのかを知りません。
あなたの中に美しさがあるのです。
あなたの中にあなたを生かしめて、
あなたを愛してくれている存在があります。
そこにつながるのです。
そこから安らぎが生まれ、生きていることに感謝します。
いろいろなことがいとおしく、嫌いな気持ちがなくなるのです。

あなたに気に入られるために
相手は生きているのでは
ないのです。

多くの人は人間関係に悩んでいるようです。
相手の何かが受け入れられないで嫌いなのでしょう。
みんな価値観が違います。それを受け入れるのです。
嫌いと思っていても、あなたの気分が悪くなるばかりです。
相手のよいところを思います。
嫌いがあるから、あなたは学びをいただいています。
あなたのために相手は生きていません。
あなたに気に入られるために、生きているのではないのです。
あなたは相手のよいところを見て、またそうした出会いに感謝します。
大きな心を創るためにこの機会が与えられたのだと。

嫌いな心で行うと
何も上達しません。
無心でことに立ち向かって
いくのです。

食べ物はあれも嫌い、これも嫌いという人がいます。
また仕事はあれが嫌い、これが嫌いという人がいます。
もちろん嫌いなことは仕方がないのですが、
いろいろできるほうがいいですね。
いろいろに挑戦します。
それが大きな心になります。
嫌いとか、できないといった限定した心を外すと意外にできるのです。
そのことを好きになるのです。
嫌いな心で行うと何も上達しません。
先入観なしに無心でことに立ち向かっていくのです。
そのことで道が開けるのです。

「比較」を
手放す

宇宙につながると、
子育てがのびやかになります。

子供は、親に誉められたくてがんばります。
親は、いい成績を子供に期待します。
自分の子供はのんびりしているのに、
子供の友達が成績がいいと、イライラしてしまいます。
宇宙につながり心を反省すると、いつの間にか比較の心が落ちて、
子育てがのびやかになります。
子供の友達が遊びにきて、
お互いに仲よく比較する心もなく、のびやかに育っていきます。
競争の心より、助け合いの心が発達し、親も子供も平和になっていきます。

心の反省をして宇宙を思うと、
苦しみは自然に消えて
楽になります。

創造の力に意識を合わせ、反省します。
すると心のからくりが見えてきます。
あなたは、常に人と比較して、
自分がダメな人間だと思う癖がないでしょうか。
人と比較すると苦しみが増していきます。
心の反省をして宇宙を思うと、
その苦しみは自然に消えて楽になっていくのです。
創造の源からの智慧とエネルギーで比較の心が溶け、
あなたは進化を続けていきます。

比較する心のクセから
解放されると、
楽に生きていくことが
できます。

比較の心は人を苦しめます。
酒癖の悪い父親、喧嘩の絶えない家庭、なぜ私の家はこうなのか。
隣の子は優秀で明るく、自分の子はなぜ子育てが大変なのか。
それはすべてカルマの仕業《しわざ》です。
それに気づき反省してカルマを浄め、
心身を正しく使う生き方に変えていきます。
カルマは過去の記憶からくる心のクセです。
人と比較する心のクセから解放されると、
あなたはもっと楽に生きていくことができます。

みんなの幸せを願うことが、
自分の幸せになっていきます。

常に人をジャッジしていると、人に会うのがつらく疲れてしまいます。
一日の仕事が終わると、疲れてついお酒を飲んでしまう人もいるでしょう。
ジャッジしていることに気づくことが肝心です。
それはあなたを幸せにしないのです。
相手の幸せを願えるようになりましょう。
みんなの幸せを願うことが、何より自分の幸せになっていきます。

正しい判断を養うためには
無心で見つめる練習が
必要なのです。

心は識別をして自分を守ります。
ここは安全なのか、逃げるか、受け入れるかの選択をします。
ただ、その判断が必ずしも正しいとはかぎりません。
過去の体験で嫌な思いをすると、似たような状況になったとき、
識別をしてノーになるのです。
本当は友好的なのにノーになります。
それは正しい判断ではないのです。
人は一度傷つくと、また自分が攻撃されるのではないかと、
受け入れなくなるのです。
過去に学ぶこともできますが、正しい判断を養います。
それには、無心で見つめる練習が必要なのです。
そのために、よりよいエネルギーにつながります。
そのことで、傷ついたところから見るのではなく、
もっとバランスのとれたところから見ることができるのです。

比較ではなく慈愛をもって見る修行をすることが進化といえるでしょう。

比較の心は必要があって神様が人間に与えました。
人は常に比較をします。
もともとは危険を察知するためです。
しかし、その機能が、今は優越感を得たりするために使われます。
元はもちろん安心を得るためです。
この人は優しい人なので私に危害を加えないと、この人は弱そうだから、
この人は貧しいから、この人の経歴はこうだからと、
その人をジャッジすることに使われ始めます。
もっと人は、慈愛をもって見る修行をすることが進化といえるでしょう。

ジャッジはその人の
価値判断です。
真理ではないのです。

人は自分の心が見えません。
内側を整えるための瞑想で、あなたの心が見え始めます。
その心は、どんな心なのかが見えてきます。
気づいていきます。
ジャッジをしている自分がいます。
常に外を見て、ああだこうだとその違いに品評を加えます。
その心は常に良いことと悪いことの比較になるのです。
そのジャッジは、その人の価値判断です。
真理ではないのです。
価値判断をするにしても、もっと愛をもって判断していくのです。

「価値観」を手放す

価値観に振り回されていた
ところから離れて、
小さなことに感謝して、
いろいろが
見えてくるようになります。

見えないところの力の恩恵を感じていくと、気づきが増していきます。

今までは心の執着につながっていて、つまり価値観につながっていて、何かが満ち足りなかったのです。

あなたは今までの変化する心から、心を今につなげ、無心でただみんなが喜ぶことを、よい行為をしてみます。

今までの価値観や、こだわりに振り回され、虚飾の世界に振り回されていたところから離れて、小さなことに感謝して、いろいろが見えてくるようになります。

それは平和な心になったのです。

みんなの良いところが見え始め、他人を警戒しなくなり、自然に話が楽にできるようになるのです。

純粋な自分を信じ、
自分で気づき、
自分で選択をしていきます。

人はマスコミや周囲の大人たちから刷《す》り込まれた価値観に縛られ、
いつのまにか、踊らされながら生きています。
家庭、学歴、容姿、進路、適齢期。
借りものの価値観から自分が進むべき方向を見て、
そこに当てはまらない自分を駄目だと思い込み、
ひどく焦り、苦しむのです。
深い純粋な自分を信じ、自分で気づき、自分で選択をしていきます。
今まで自分をコントロールしていた思い込みの価値観の一つひとつが
色褪《あ》せて見え、心が軽やかになっていきます。

人と違う考えを
持っていること、
人はみな違うことを
理解していくのです。

人はいろいろな考え方を持っています。
それは、子供の時に両親から植え付けられたもの、
あるいは先生からのもの、社会からのもの、
いろいろな価値観をすでに持っています。
人と会っていて、どうしても意見の相違が出て、
イライラして許せなかったり、
相手の価値観が自分の価値観と
ぶつかって消耗する場合があります。
あなたは人と違う考えを持っていること、
人はみな違うことを理解していくのです。
それぞれがユニークなのです。

あなたは、あなたの価値観に
執着しているのです。

思い込みが強く、その考えが変わらないと、苦しい時があります。
その考えは、あなたにとっては間違っていないのです。
自分はそれを信じています。
人からそれを変えたほうがいいといわれても、
素直に聞くことができません。
例えば、若い時からやっていた仕事があります。
最近は疲れるので、もう年だからやめたほうがいいと人からいわれます。
でも、それをやめられないのです。
たとえ健康を害しても。
あなたは、あなたの価値観に執着しているのです。

素直になることは
負けであると思う人も
いるのです。

親から説教されたり、人から言われると、
ますます自分の考えにこだわることがあります。
間違っていると気づいても、エゴがそれを受け入れることを拒むのです。
人はすぐに素直になれないのです。
エゴが素直になれないのです。
素直になることは負けることであると思うのです。
自分が折れること、自分の考えを変えることは自分を曲げることであり、
負けと考えるのです。
だから頑固さを貫き通すのです。
たとえ間違えていても、
たとえ苦しくても、その価値観を信じてしまうのです。
自分を変える力がない人、素直になることが難しい人もいるのです。

いろいろな出会いは、
価値観で選択しているのです。

人はいろいろな出会いを体験しています。
それによって人生は色づけられています。
その縁は向こうからやってきているように見えますが、
実は自分で選択をしているのです。
自分の価値観で選択しているのです。
どんな価値観を持っているのか、それはその人の生まれ持つもの、
あるいは成長の過程で作り上げられた価値観です。
すべては自分を守っています。
それを変えることであなたの運命が変わるのです。

常に相手を傷つけない、依存しない正しい選択をするのです。

あなたはいろいろな価値観を取り込んで、
それに色づけられ翻弄されています。
潜在意識にある価値観があなたをコントロールしているのです。
あなたが気づくことで、価値観を外して、
何を選択したらいいのかがわかります。
常に相手を傷つけない、依存しない正しい選択をするのです。
それには深い知恵が必要です。
その心を宇宙的な愛につなげるのです。
そうでないと常に利己的な選択で自分を守り、
相手をジャッジしてしまうのです。

今にいること、
価値観に振り回されないこと。

心を浄化して、純粋にして、愛の人になり、平和の人になります。
さらに知恵の人になります。それが真の成長です。
あなたの運命は神に守られ確かなものになります。
心は常にいろいろを思い、自分を守り、心に翻弄されています。
あなたの過去に翻弄されています。
今にいること、価値観に振り回されないこと、
本当の自分になるのです。
それが真の自由なのです。

「常識」を手放す

愛することで
無限の愛が大きくなり、
楽になるのです。

人は、家庭環境や社会通念で凝り固まった
思い込みの規則に縛られています。
それにエゴが加わると、苦しみになります。
ヒマラヤ聖者の教えに出会い、その愛と知恵が苦しみの心を溶かします。
宇宙的な愛で溶けていくのです。
自分を否定していたことに気づき、自分を受け入れ、
ヒマラヤ聖者にすべてお任せし、愛することで、
無限の愛が大きくなり癒され楽になっていくのです。

一度無になって
何も考えない時間を
作るのです。

人は常識にとらわれて生きています。
よい人にならなければ、しっかりしなければと、
自分に常に厳しく、何の無駄もなく生きてきました。
そして他を許さない厳しさもあったのではないかと思います。
もっと楽になることで人も楽になるのです。
あなたの中の常識が、度が過ぎると、
自分を苦しめ人を不快にさせているかもしれません。
一度無になって何も考えない時間を作るのです。
それを定期的に行うのが瞑想です。
自然に常識がマイルドになり、楽になっていくのです。

「恨み」を
手放す

すべては自業自得です。
自分がその人生を
選択しているのです。

人が人を恨むのはどんな時でしょうか。
親を恨むということがあるようです。
親がこうしてくれなかったからこうなったとか、
親が学校を出してくれなかったから、貧乏であったからとか、
自分がうまくいかないことを、親のせいにするのです。
自分が力を発揮できないのを人のせいにしているのです。
すべては自業自得です。
自分がその人生を選択しているのです。
その時、チャンスが与えられなかったとしても、
それを理由に努力しないのは自分のせいなのです。

わかり合えなくても、
許し合う心が大切です。

誰かにいじめられたとき、
その人に対してよい気分を持たないで恨むことがあるでしょう。
なぜ相手に攻撃的になるのでしょうか。
愛が足りないのです。
お互いがわからずに無知であり、
いら立ちをそうした形で解消し、傷が残ります。
わかり合えなくても、許し合う心が大切です。
いさかいが起こってしまっても、許し合うことが大切です。
それによって平和が訪れるのです。

恨みで自分の気持ちを
暗くするより、許しましょう。
その人の幸せを祈りましょう。

エネルギーは高い人から低い人に流れるのです。
それがたとえ暴力的なことであっても、そうなるのです。
傷を受けた側は、仕返しをしてその気持ちを晴らそうとします。
それは、恨むことで晴らしていくのです。
心はひずんだところを元に戻すのに、
そのエネルギーでバランスをとっているのです。
恨みで自分の気持ちを暗くしても、何ら生産的ではないのです。
許しましょう。
その人の幸せを祈りましょう。

良い行為、良い思い、
良い言葉を選んで
生きていきます。

人には怒り、不満、見栄、比較、常識、執着、嫌悪など、
さまざまなカルマがあります。
だれの中にもあるのです。
原因があって結果があるカルマの法則に翻弄されています。
あなたはカルマを変えることができます。いろいろな方法があります。
ここではあなたの行為を変えるのです。
良い行為、良い思い、良い言葉を選んで生きていきます。
次第にあなたが変わり、家族が変わり始めます。
家族の中のいがみ合いがなくなってきます。
さらにあなたは根本から脱していく道を歩むことができるのです。

恨むことは
自分自身を深く傷つけて
いくのです。

深い恨みが取れると、煩《わずら》っていた病気が劇的によくなることがあります。
ある女性は、代々の母方の遺伝体質が、〝母への恨み〟が浄化されたとき、改善されていきました。

ヒマラヤ聖者が「許しなさい、愛しなさい」といわれる意味がここにあります。

人を恨むことは他人だけでなく、自分自身を深く傷つけていくのです。
刻まれた記憶は自身の中に残り続け、知らぬ間によくない出来事を引き起こしていくのです。

恨まず愛していくのです。

相手を嫌いだと恨んだりする、
その思いの暗いエネルギーは自分に還ってきます。
心は磁石であり同じ性質を引き寄せるのです。
自分を守るために嫌悪するのです。
心は無意識に自己防衛でそのエネルギーを使っているのです。
あなたは、理不尽に感じる相手を恨んだり憎んだりすることで、
頑張っています。
しかし、恨みの渦は、生涯水面下で拡大していきます。
このからくりから脱却するにはそれに気づき、
これからは決して恨まず愛していくのです。
あなたを生かしめている存在は、
心と体を正しく使うことを願っているのです。

嫌なことも学びです。
もっと感謝を強める学びです。

小さい頃から、お母さんに感情のままに叱られ、ぶたれ、
愛情の記憶がほとんどないという人がいます。
やがて親を恨み、自他を信じられない大人になりました。
大きな学びをいただいたのです。
ずっと昔、あなたの先祖が愛によってこの世界に送られたのです。
何かが間違えて、愛が消えて、
恐れを優先して、厳しさが選択されたのです。
それも一つの愛のカタチです。
嫌なことも学びです。
もっと感謝を強める学びです。感謝します。
愛をもって、周りに感謝と愛をもって、生きつづけていきます。

ヒマラヤ秘法瞑想

ヒマラヤの聖者は、厳しい修行で心身を浄化し、深い瞑想から死を超えて究極のサマディに達し神我一如となりました。心と体を知りつくし魂を悟りました。そして悟りの科学、命の秘密の科学を解明しその実践法を発見したのです。

それは門外不出です。私は秘密の教えをヒマラヤ聖者として受け継いだのです。私は今ディクシャの儀式でサマディパワーとヒマラヤシッダー瞑想の秘法を伝授し、あなたの心身を浄め、意識を高め、悟りに導くガイドをしています。

ヒマラヤ聖者はヒマラヤシッダー、あるいはサマディマスターのこと。このコロナ禍の時代、心の不安を取り、不動にしてくれるヒマラヤシッダー瞑想が、すべての人に必要です。誰にでもできるパワフルな実践法です。この秘法は原子力のようなエネルギーを作り出し、カルマや執着を最速で溶かし変容させます。

ヒマラヤ秘教の恩恵で誰もがより美しく楽に生きられ、秘められた可能性を引き出して人生を豊かにすることができるのです。これからは真の成長をし、心の曇りを取り除き、若返り、魂、本当の自分に出会うのです。それこそが人生の本当の目的です。それはヒマラヤシッダー瞑想の実践で始まるのです。

あなたは瞑想の習慣を取り入れます。心と感情の仕組みに気づき、理解して根本から苦しみが外れるのです。あなたが平和になり真の愛が満ちるのです。

悟りの科学の道について

私は、サイエンス・オブ・エンライトメントという会を主宰し、あなたの人生がより美しくなり、慈愛と才能を育み、不動の人となるガイドをしています。

この道には師の祝福が欠かせません。祈りやヒマラヤシッダー瞑想を順次伝授します。段階を追って各種のヒマラヤ秘法、音の瞑想秘法を実践します。

そのための瞑想会や各種の勉強会、各種の潜在能力開発と浄めの研修があり、また悟り、成功、健康美容のコースがあります。さまざまな修行、合宿まで開催しています。世界を平和にするため一人一人進化していくことができるのです。

さらにサマディマスターが執り行う供養や祈願で、先祖が浄まり、願望が叶います。

ヒマラヤの門外不出の修行法と私の長年の心身魂の研鑽の秘法を伝授し、心身魂を丸ごと輝かせる修行と実践の場を提供しています。アヌグラハという高次元のエネルギーの祝福と叡智が常にあり、安全に最速で変容していきます。

悟りの叡智で浄まり、変容して生まれ変わり、やがて心身を超えてスーパーコンシャスネスになっていく道です。天国が約束される道なのです。この道の歩みで常にあなたの人生が守られ、ほとばしる愛とパワーと叡智に満たされていくのです。

ヨグマタ 相川圭子

女性で史上はじめて「究極のサマディ（悟り）」に達したシッダーマスター（サマディヨギ／ヒマラヤ大聖者）。現在、会うことのできる世界でたった2人のシッダーマスターのうちのひとり。仏教やキリスト教の源流である5000年の伝統をもつヒマラヤ秘教の正統な継承者。1986年、伝説の大聖者ハリババジに邂逅。標高5000メートルを超えるヒマラヤの秘境で、死を超える究極のサマディ修行を行い成就。神我一如に何日もとどまる「究極のサマディ」に到達、究極の真理を悟る。その後、1991～2007年のあいだ、計18回、インド各地で世界平和と真理の証明のため公開サマディを行い、その偉業はインド中の尊敬を集める。2007年、インド最大の霊性修行の協会「ジュナ・アカラ」より、最高指導者の称号「マハ・マンダレシュワル（大僧正）」を授かる。日本をはじめ欧米などで法話と祝福を与え、宇宙的愛と叡智をシェア。サマディからの高次元のエネルギーと瞑想秘法を伝授、指導。真の幸せと悟りのための各種研修と瞑想合宿を開催し、人々の意識の進化と能力開発をガイドする。2016年6月と10月、2017年5月には、国連の各種平和のイベントで主賓としてスピーチを行う。2019年8月にはヨグマタ財団（インド）がインド政府の全面的な協力のもと、ワールドピース・キャンペーン・アワード（世界平和賞）を開催。『ヒマラヤ大聖者の免疫力を上げる「心と体」の習慣』（幻冬舎）、『心と体をととのえて、もっと楽に生きる』（中央公論新社）、『幸福が満ちる愛のことば』（大和書房）、『ヒマラヤ大聖者 心を浄化し内なる力を開花させることば100』（宝島社）、『The Road to Enlightenment: Finding The Way Through Yoga Teachings and Meditation』（Kodansha USA）など著書多数。さらにテレビ・ラジオでも、人生が豊かで幸せになる新しい生き方を伝えている。TBSラジオ「相川圭子 幸せへのメッセージ」にレギュラー出演中。

ヨグマタ 相川圭子主宰　サイエンス・オブ・エンライトメント
Tel 03-4405-1312（平日10～20時）
公式ホームページ　https://www.science.ne.jp

ブックデザイン　山本知香子
カバーフォト　大城 亘

ヒマラヤ大聖者の「手放す」言葉

2021年7月30日　第1刷発行

著　者　相川圭子
発行人　見城　徹
編集人　菊地朱雅子

発行所　株式会社　幻冬舎
〒151-0051
東京都渋谷区千駄ヶ谷4-9-7
電話　03-5411-6211（編集）
03-5411-6222（営業）
振替　00120-8-767643

印刷・製本所　中央精版印刷株式会社

検印廃止

ISBN978-4-344-03822-6　C0095

幻冬舎ホームページアドレス　https://www.gentosha.co.jp/

この本に関するご意見・ご感想をメールでお寄せいただく場合は、comment@gentosha.co.jpまで。